Établir et utiliser
des critères
Deuxième édition

Établir et utiliser des critères
Deuxième édition

Par Kathleen Gregory, Caren Cameron et Anne Davies
Traduction par Josée Picard St-Louis

connect2learning, Courtenay, Colombie-Britannique, Canada

Titre original : Setting and Using Criteria

© 2011 Texte : Kathleen Gregory, Caren Cameron, Anne Davies
© 2011 Conception graphique du livre : Building Connections Publishing Inc.
© 2011 Préface : Sandra Herbst

Imprimé et relié au Canada par Hignell Printing Limited

21 20 19   7 6 5 4

Catalogage avant publication de Bibliothèque et Archives Canada

Gregory, Kathleen
[Setting and using criteria. Français]
     Établir et utiliser des critères / Kathleen Gregory, Caren Cameron, Anne Davies ;
     traduction de Josée Picard St-Louis.

Traduction de : Setting and using criteria.
Comprend des références bibliographiques.
ISBN 978-0-9867851-7-7 (broché)

     1. Évaluation centrée sur le contenu du programme. 2. Interdisciplinarité en éducation.
     3. Éducation–Normes. 4. Classement et notation (Élèves et étudiants). I. Cameron,
     Caren, 1949-, auteur II. Davies, Anne, 1955-, auteur III. Titre. IV. Titre: Setting and using
     criteria. Français.

LB3060.32.C74G7414 2013   371.27'2   C2013-903746-2

Chargée de projet : Judith Hall-Patch
Éditrice : Annalee Greenberg
Conception graphique : Mackenzie Duncan, Kelly Giordano, Pat Stanton

Pour commander des exemplaires supplémentaires du livre, veuillez communiquer avec :

CONNECT(2)LEARNING

2449D Rosewall Crescent
Courtenay, Columbie Britannique
V9N 8R9 Canada
Téléphone :
1-800-603-9888 (sans frais en Amérique du Nord)
1-250-703-2920
Télécopieur : 1-250-703-2921
Courriel : books@connect2learning.com

Dans le présent ouvrage, le masculin est utilisé sans discrimination, dans le seul but d'alléger le texte.

Remerciements :

Nous tenons à remercier tous les élèves, les parents et les éducateurs avec lesquels nous avons travaillé. Nous tenons également remercier Annalee Greenberg, notre éditrice, pour ses judicieuses questions et ses suggestions réfléchies.

Table des matières

3.   Questions et réponses   **57**

Qu'arrive-t-il aux notes ou aux cotes lorsque nous privilégions ces approches? /**57** De quelle manière notre façon de compiler et de consigner
les résultats des élèves a changé depuis que nous utilisons les critères
d'évaluation? /**60** Les élèves peuvent-ils utiliser ces approches pour
s'autoévaluer? /**62** Qu'advient-il des élèves qui ne peuvent pas satisfaire
à tous les critères d'évaluation? /**63** Comment puis-je convaincre mes
élèves de se passer de cotes et de notes? /**63**

Préface

Barb Boechers, enseignante au palier intermédiaire, a récemment posé la question suivante à ses élèves : « Supposons qu'on ne vous a pas indiqué les critères d'évaluation sur lesquels vous baser pour accomplir un travail donné et que vous ignorez comment vous avez été évalués sur celui-ci. Vous recevez seulement une rétroaction ou une note sur ce travail. Pensez-y bien. Comment vous sentiriez-vous et quelle serait la cause de ce sentiment? »

Trois élèves, tous des garçons, lèvent immédiatement la main pour répondre :

Élève 1 : « Je me sentirais déçu parce que je n'ai pas reçu la feuille des critères et que j'aurais sûrement beaucoup mieux fait, car j'ai peut-être négligé la ponctuation; mais si je pouvais consulter les critères, j'aurais sans doute voulu relire mon travail pour vérifier des éléments comme la ponctuation. »

Élève 2 : « Bien, je me sentirais un peu déçu parce que je sais que j'aurais été capable de faire mieux, car j'aurais su sur quoi on m'évaluait. »

Élève 3 : « Probablement que la plupart de mes erreurs auraient été des fautes stupides que j'aurais été en mesure de corriger et qui auraient été conformes si j'avais eu les critères. Ça me frustrerait énormément. »

En écoutant cette rétroaction des apprenants de la huitième année, ceux-ci nous rappellent, dans leurs propres mots, les propos de Rick Stiggins : « Les élèves peuvent atteindre n'importe quelle cible qu'ils connaissent et qui demeure stable. » Lorsque les enseignantes et les enseignants s'attachent non seulement à partager la visée de l'apprentissage avec leurs élèves, mais aussi à identifier en quoi consistent les preuves attestant la qualité de leur apprentissage, en cours d'apprentissage, les élèves obtiennent ainsi un portrait beaucoup plus clair de ce qu'ils doivent accomplir, savoir et communiquer.

Considérons la mise en situation suivante :

Une enseignante remet à une élève de dixième année son rapport de laboratoire scientifique. Elle lui dit : « Tu peux faire mieux. Si tu t'y mets et que tu déploies plus d'efforts, le contenu et la présentation de ton rapport de laboratoire seront meilleurs. » L'enseignante mentionne alors à l'élève qu'elle peut reprendre son travail et le soumettre à nouveau dans quelques jours pour une réévaluation. Après quoi, l'enseignante s'éloigne.

Si l'élève en question est une « bonne » élève et qu'elle parvient à comprendre ce que veut l'enseignante — par des observations, par déduction ou grâce à des souvenirs —, elle pourra alors apporter les améliorations nécessaires. Toutefois, si cette élève ne saisit pas ce qu'elle doit accomplir pour améliorer son travail, elle sera laissée à elle-même à se questionner sur ce qu'elle devrait modifier pour corriger son rapport de laboratoire. Il est possible qu'elle tente à nouveau de l'améliorer. Par exemple, elle pourra peut-être décider de modifier des sections ou des énoncés qui étaient pourtant tout à fait justes. Elle demandera peut-être conseil à son enseignante ou à ses pairs. Elle effectuera peut-être des changements aléatoires dans l'espoir que ceux-ci seront les bons ou, encore, elle décidera peut-être d'abandonner, tout simplement.

Reprenons la mise en situation :

Une enseignante remet à une élève de dixième année son rapport de laboratoire scientifique. Elle signale à l'élève qu'elle a écrit des commentaires de rétroaction sur son travail et que ces commentaires sont en lien avec les critères d'évaluation affichés au mur, lesquels décrivent en quoi consiste un rapport de laboratoire de qualité. Cette même liste de critères d'évaluation est jointe au rapport de la jeune fille. L'enseignante a surligné les éléments des critères qui n'ont pas encore été atteints. Elle mentionne à l'élève qu'elle peut reprendre son travail et le soumettre à nouveau dans quelques jours pour une réévaluation. Après quoi, l'enseignante s'éloigne.

Dans ce scénario, l'élève reçoit une rétroaction descriptive et spécifique en lien avec des critères d'évaluation qu'elle comprend parfaitement. En effet, l'élève a pris part à la coconstruction des critères en question il y a quelques semaines. Elle se souvient que l'enseignante avait distribué des copies types de rapports de laboratoire scientifique de qualité. La classe avait alors discuté des éléments qui rendaient ces rapports exemplaires, puis ensemble les élèves avaient établi les critères d'évaluation selon ces éléments. Suite à la rétroaction reçue, l'élève, plus confiante, peut maintenant apporter des modifications à son travail. Elle sait et comprend ce qu'elle doit changer et ce qui peut demeurer dans son rapport.

Dans leur étude *Testing, Motivation and Learning*, Harlen et Deakin Crick (2002) du Assessment Reform Group déclarent que le personnel enseignant doit impliquer plus souvent les élèves dans l'établissement des critères d'évaluation, puis les amener à s'autoévaluer en fonction de ces critères. En utilisant le processus en quatre étapes présenté dans l'ouvrage *Établir et utiliser des critères des critères*, cette stratégie devient profitable et réalisable.

Depuis la parution de la première édition du livre *Établir et utiliser des critères* en 1997, les enseignants se sont appropriés le processus en quatre étapes. Certains enseignants distribuent des étiquettes autocollantes amovibles aux élèves afin qu'ils puissent y inscrire leurs idées lors de la séance de remue-méninges. Les élèves organisent ensuite les étiquettes autocollantes afin de classer les idées, puis ils déterminent une catégorie ou un critère qui représente le mieux les éléments de détail. D'autres enseignants demandent à leurs élèves d'inscrire leur idée sur une longue bande de papier. Les élèves sont ensuite divisés en groupes, puis ils se déplacent dans la classe afin de discuter et de regrouper les idées en catégories distinctes. D'autres encore utilisent les tableaux blancs électroniques pour organiser la liste des idées issues du remue-méninges en diverses catégories sur lesquelles les élèves s'accordent. Les possibilités sont illimitées.

Pour plusieurs, la notion de « coconstruction des critères d'évaluation » est devenue la norme. Il s'agit d'une réalisation conjointe où tous les membres de la communauté apprenante travaillent de concert. Lorsqu'un détail crucial de la liste est omis pendant la séance de remue-méninges, l'enseignant, en tant que membre de cette communauté, ajoute l'idée. Ceci ne constitue aucunement une manipulation du processus. Il s'agit plutôt d'une situation qui témoigne d'un apprentissage authentique de groupe.

Les auteures, Kathleen Gregory, Caren Cameron et Anne Davies, ont exposé dans un langage accessible qui interpelle, non seulement les quatre étapes du processus, mais aussi la réponse à la question « Quelle est l'étape suivante? » En d'autres termes, une fois les critères établis, comment le personnel enseignant, les élèves et les autres intervenants peuvent-ils recourir à ce processus en vue d'offrir une rétroaction spécifique et descriptive s'appliquant à soi-même et aux autres?

La deuxième partie du présent livre présente dix façons de fournir une rétroaction sans attribuer de notes. Depuis la première publication de l'ouvrage *Établir et utiliser des critères*, trois importants rapports de recherche ont affirmé l'importance d'une rétroaction spécifique et descriptive, sans recourir aux notes (Black et William, 1998; Hattie et Timperley, 2007; Shute, 2008). Les recherches démontrent également que les notes, les cotes ou même les commentaires vagues sous forme d'éloges entravent l'apprentissage; ceci est particulièrement vrai pour les élèves qui ont tendance à vivre des échecs en situation scolaire.

Black et William (1998) soutiennent que la rétroaction spécifique et descriptive est essentielle à l'apprentissage. Toutefois, le personnel enseignant semble souvent manquer de temps pour offrir une rétroaction adéquate aux élèves. Ici encore, les apprenants doivent être des partenaires dans le processus. Tout au long de la période où le personnel enseignant présente l'utilisation de ces dix stratégies, l'élève peut participer en offrant lui-même sa rétroaction, soit à l'égard de son propre travail, soit à l'égard de celui des autres. De cette façon, les sources de rétroaction augmentent, tout en partageant un langage commun. Les critères servent de fondement aux échanges et aux discussions, de sorte que tous les membres ont une vision commune de ce qu'est un travail de qualité et de ce qui est attendu des élèves. Ce qui était autrefois exclusif au personnel enseignant devient alors clair et accessible à tous.

Une évaluation de qualité en classe a des répercussions bénéfiques importantes (et bien documentées) sur le rendement et l'apprentissage des élèves (Crooks, 1988; Black et William, 1998; Miesels et al., 2003; Rodriguez, 2004). La coconstruction des critères d'évaluation et l'utilisation qu'en font le personnel enseignant et les élèves font partie intégrante de ce contexte. Plus important encore, cela donne une voix et une tribune aux élèves. Leur voix est ainsi ajoutée à celle de l'enseignant afin de déterminer ce qui est essentiel dans le processus et les résultats d'apprentissage. En outre, les élèves développent un vocabulaire évaluatif commun leur permettant de partager leurs apprentissages avec les autres.

Ces mêmes chercheurs ont observé que les répercussions bénéfiques sur le rendement et l'apprentissage des élèves sont particulièrement vraies chez ceux qui éprouvent le plus de difficulté en salle de classe. Que de véracité dans cet énoncé. Pensons aux différences entre les deux scénarios présentés à la page 8. D'un côté, nous trouvons une élève qui essaie de deviner les attentes de l'enseignant en lien avec son rapport de laboratoire; de l'autre, une élève qui a reçu des critères de réussite clairs et précis.

Revenons à notre point de départ, soit la salle de classe. Barb Boerchers, enseignante à l'école intermédiaire, explique la démarche en ces termes : « En partageant [le processus d'établissement] des critères d'évaluation avec les élèves..., ces derniers s'engagent plus activement dans leur apprentissage..., cette démarche est claire. [L'élève] sait ce qu'il doit faire, pourquoi il doit le faire et connaît la stratégie qu'il doit utiliser pour y parvenir. Et c'est là l'objet principal : poser les paramètres afin que les élèves puissent communiquer. »

Sandra Herbst
Directrice adjointe de conseil scolaire
Winnipeg, Manitoba

Références

Black, P. et Wiliam, D. (1998). Inside the black box: Raising standards through classroom assessment. *Phi Delta Kappan*, 80(2): 1-20.

Crooks, T. (1988). The impact of classroom evaluation on students. *Review of Educational Research*, 58(4): 438-481.

Harlen, W. et Deakin Crick, R. (2002). *Testing, Motivation and Learning*. Brochure conçue par le groupe Assessment Reform Group du département de l'éducation de l'Université de Cambridge.

Hattie, J. et Timperley, H. (2007). The power of feedback. *Review of Educational Research*, 77(1): 81-112.

Meisels, S., Atkins-Burnett, S., Xue, Y. et Bickel, D. D. (2003). Creating a system of accountability: The impact of instructional assessment on elementary children's achievement scores. *Educational Policy Analysis Archives*, 11(9): 19 p. Consulté en ligne le 19 septembre 2004 au http://epaa.asu.edu/epaa/v11n9/

Rodriguez, M. C. (2004). The role of classroom assessment in student performance on TIMSS. *Applied Measurement in Education*, 17(1): 1-24.

Shute, V. J. (2008). Focus on formative feedback. *Review of Educational Research*, 78(1): 153-189.

1. Établir les critères d'évaluation

Que sont les critères d'évaluation et pourquoi devons-nous les établir?

Les critères d'évaluation sont tout simplement des normes grâce auxquelles il est possible de juger ou d'évaluer un élément. Lorsque nous déterminons ces critères, nous établissons ce qui est important.

Le personnel enseignant peut déterminer les critères d'évaluation pour leurs élèves ou avec ces derniers. Les élèves peuvent établir leurs propres critères d'évaluation ou en débattre. Dans le présent ouvrage, nous exposons plusieurs façons d'impliquer les élèves dans l'établissement des critères d'évaluation. Nous avons constaté que lorsque les élèves participent activement au développement des critères, ils sont nettement plus susceptibles de comprendre ce qu'on attend d'eux, de s'engager dans le processus d'apprentissage et d'accomplir les tâches avec succès.

Dans nos classes, nous établissons habituellement les critères d'évaluation avec nos élèves pour les projets et les travaux scolaires. Nous n'établissons pas des critères pour toutes les tâches; et nous ne le devons pas d'ailleurs.

Nous gardons à l'esprit l'objectif motivant l'utilisation des critères en nous posant régulièrement la question suivante : « Comment ceci peut appuyer l'apprentissage des élèves? »

Le processus en quatre étapes pour établir les critères d'évaluation avec les élèves

Nous avons constaté que le processus en quatre étapes suivant utilisé pour l'établissement les critères avec les élèves favorise la participation de ces derniers, accroît leur compréhension et les incitent à s'approprier leur apprentissage.

Première étape : Soumettre des idées dans une séance de remue-méninges

Deuxième étape : Trier et classer les idées

Troisième étape : Concevoir et afficher un diagramme en T

Quatrième étape : Ajouter, réviser, parfaire

Les trois premières étapes du processus peuvent se dérouler avant même que les élèves commencent un projet ou un travail, ou lorsqu'ils sont sur le point de le commencer. Il est toutefois important d'établir les critères avant d'entamer un travail ou de le faire au stade de la planification de celui-ci.

PREMIÈRE ÉTAPE : SOUMETTRE DES IDÉES DANS UNE SÉANCE DE REMUE-MÉNINGES

Les enseignants et les élèves ont déjà des critères en tête en lien avec la tâche à accomplir. Recueillir les idées de chacun, y compris celles de l'enseignant, contribue à créer un sentiment d'appropriation et permet de développer une vision commune de ce qui est attendu.

1. Posez une question telle que : « Quels sont les éléments essentiels d'un rapport de laboratoire? », « Que dois-je trouver lorsque j'évalue les paragraphes de vos textes? » ou « Que devrait-on observer dans un bon exposé oral? »

2. Écrivez sur une feuille de papier grand format toutes les idées exprimées, dans les mots des élèves.

Que devrait-on observer dans un bon exposé oral?

- lever les yeux et regarder l'auditoire
- pouvoir t'entendre clairement
- ne pas t'agiter
- te montrer intéressé
- utiliser de petites cartes de notes
- rendre la présentation intéressante au moyen de photos ou de diagrammes
- avoir de l'expression
- ralentir le débit
- te tenir debout et droit
- être concis
- utiliser des exemples concrets pour transmettre le message
- t'assurer qu'il y a une conclusion
- présenter le sujet dès le début de l'exposé

Contribution de l'enseignant

Figure 1 : Liste de la séance de remue-méninges

3. Faites part de vos propres idées. Bien souvent les élèves se concentreront sur des éléments superficiels. Par conséquent, les enseignants doivent s'assurer qu'il ne manque aucun élément essentiel et que les normes ou les attentes de la matière abordée se reflètent dans les critères d'évaluation établis pour les travaux des élèves (voir la figure 1).

« Il semble bien que nous avons une série d'idées qui font référence au fait d'être intéressant pour l'auditoire. Marquons ces idées d'un *"I"*. »

« Lorsque nous regardons les idées qui restent, nous pouvons remarquer qu'elles font principalement référence au langage et aux manières. Marquons ces idées d'un *"L"*. »

« Nous retrouvons également plusieurs éléments qui indiquent qu'un exposé oral doit être facile à suivre. Marquons ces idées d'un *"F"*. »

Que devrait-on observer dans un bon exposé oral?

L – lever les yeux et regarder l'auditoire

L – pouvoir t'entendre clairement

L – ne pas t'agiter

I – te montrer intéressé

F – utiliser de petites cartes de notes

I – rendre la présentation intéressante au moyen de photos ou de diagrammes

L – avoir de l'expression

F – ralentir le débit

L – te tenir debout et droit

I – être concis

F – utiliser des exemples concrets pour transmettre le message

F – t'assurer qu'il y a une conclusion

F – présenter le sujet dès le début de l'exposé

Figure 2 : Liste codée

DEUXIÈME ÉTAPE : TRIER ET CLASSER LES IDÉES

Afin d'aider les élèves à se souvenir des critères d'évaluation, nous limitons leur nombre à ce que le cerveau peut retenir (habituellement de trois à cinq). Il est aussi important d'utiliser des termes et un vocabulaire que les élèves comprennent.

1. Invitez les élèves à consulter la liste issue de la séance de remue-méninges et demandez-leur de regrouper les idées pareilles. Posez des questions telles que : « Voyez-vous des configurations dans lesquelles certaines idées s'articulent harmonieusement? » ou « Je constate que certaines idées se rapportent à la précision; pouvez-vous repérer les idées qui correspondent à cette catégorie? » Vous pouvez aussi demander aux élèves : « Est-ce que cela vous semble justifié de placer ces idées dans cette catégorie? », « Est-ce qu'il y aurait d'autres idées qui entreraient dans cette catégorie? » ou « Est-ce que vous pouvez déterminer l'idée générale ou nommer la catégorie qui engloberait tous ces éléments? »

2. Montrez comment les différentes idées se regroupent en utilisant des crayons de différentes couleurs pour les coder. Utilisez une même couleur pour encercler les idées pareilles. Vous pouvez aussi utiliser des symboles ou des sigles pour représenter les « idées générales » et ensuite identifier chacune des idées pareilles correspondantes avec le symbole ou le sigle approprié (voir la figure 2).

3. Discutez avec les élèves du fait qu'il est parfois possible que des idées pareilles similaires correspondent à diverses catégories. Expliquez-leur cependant qu'en regroupant les idées pareilles sous une seule catégorie, il est plus facile de gérer leur nombre.

Critères d'évaluation pour : les exposés oraux	Descriptions / Détails
– Intéressant pour l'auditoire	– te montrer intéressé – rendre la présentation intéressante – être concis
– Facile à suivre	– utiliser de petites cartes de notes – ralentir le débit – utiliser des exemples concrets pour transmettre le message – t'assurer qu'il y a une conclusion – présenter le sujet dès le début de l'exposé
– Langage et manières	– lever les yeux et regarder l'auditoire – pouvoir t'entendre clairement – ne pas t'agiter – avoir de l'expression – te tenir debout et droit

Figure 3 : Diagramme en T

TROISIÈME ÉTAPE : CONCEVOIR ET AFFICHER UN DIAGRAMME EN T

Le fait d'afficher un document de rappel visuel des critères d'évaluation (ce qui est important), accompagnés des détails spécifiques des critères (ce sur quoi vous allez baser vos observations), rappelle aux élèves ce qui est requis pour atteindre les résultats, de même que ce qu'ils doivent faire pour y parvenir.

1. Tracez un diagramme en T sur une feuille de papier grand format, comme celui présenté à la figure 3.

2. Identifiez les grandes idées, ou les catégories, issues de la séance de remue-méninges. Celles-ci deviennent les critères d'évaluation.

3. Transcrivez ces critères d'évaluation sur le côté gauche du diagramme en T.

4. Placez les idées spécifiques issues de la séance de remue-méninges sur le côté droit du diagramme en T, du côté opposé aux critères auxquels elles sont associées. Demandez aux élèves : « Avez-vous besoin d'idées ou de détails supplémentaires pour mieux comprendre les critères d'évaluation? »

5. Affichez le diagramme en T, puis demandez aux élèves : « Est-ce qu'il y aurait autre chose qui vous aiderait à vous souvenir des critères d'évaluation? » (Par exemple, « Copiez-les dans votre cahier de notes. »)

QUATRIÈME ÉTAPE : AJOUTER, RÉVISER ET PARFAIRE

Le processus de développement des critères d'évaluation n'est jamais terminé : nous réexaminons les critères, ajoutons, modifions et supprimons des éléments tout au long de l'année.

1. Invitez les élèves à réviser régulièrement les critères d'évaluation. Après que les élèves auront complété une tâche ou acquis une nouvelle habileté, demandez-leur : « Est-ce que nous aurions besoin d'ajouter un nouveau critère? Y aurait-il un élément inscrit qui aurait besoin d'être clarifié? Est-ce qu'il y a un critère qui n'est plus pertinent? »

2. Apportez les changements sur la feuille de papier grand format, puis datez-les afin de rappeler aux élèves que l'établissement des critères d'évaluation est un processus continu (voir la figure 4).

Les scénarios pour établir les critères d'évaluation avec les élèves

Voici cinq différents scénarios visant à établir les critères d'évaluation avec les élèves. Même s'ils sont conçus pour des matières spécifiques, ils sont facilement transférables à d'autres sujets d'étude. Identifiez ceux qui conviennent le mieux à votre profil, à vos élèves et à la matière que vous enseignez.

PUISER DANS LES EXPÉRIENCES PERSONNELLES

Une bonne façon de présenter le concept de critères d'évaluation aux élèves consiste à commencer par une notion avec laquelle ils sont tous familiers et qui a une signification pour eux. Une enseignante, qui n'avait jamais utilisé les critères d'évaluation avec ses élèves de

Critères d'évaluation pour : les exposés oraux	Descriptions / Détails
– Intéressant pour l'auditoire	– te montrer intéressé – rendre la présentation intéressante – être concis – utiliser les expériences personnelles (octobre) – faire participer l'auditoire en posant une question (octobre)
– Facile à suivre	– utiliser de petites cartes de notes – ralentir le débit – utiliser des exemples concrets pour transmettre le message – t'assurer qu'il y a une conclusion – présenter le sujet dès le début de l'exposé
– Langage et manières	– lever les yeux et regarder l'auditoire – pouvoir t'entendre clairement – ne pas s'agiter ou se trémousser – avoir de l'expression – te tenir debout et droit – éviter la monotonie (octobre)

Figure 4 : Diagramme en T révisé

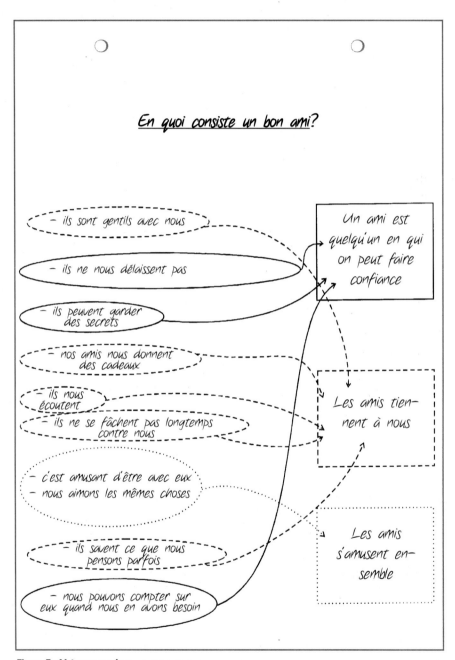

Figure 5 : Liste regroupée

septième année auparavant, a commencé en développant des critères sur un sujet lié à l'expérience personnelle des élèves : en quoi consiste un bon ami? Plus tard, les élèves ont été en mesure d'appliquer le même processus à leurs travaux scolaires.

1. Demandez aux élèves : « En quoi consiste un bon ami? »

2. Accordez deux ou trois minutes aux élèves afin qu'ils dressent la liste de toutes les qualités que possède un bon ami.

3. Invitez les élèves à se tourner vers un partenaire, à partager leur liste, puis à encercler les idées communes.

4. Réunissez toute la classe, puis demandez à chaque sous-groupe de deux élèves de partager une idée de leur liste commune, sans répéter ce que les autres sous-groupes ont déjà mentionné. Écrivez ces idées au tableau ou sur une feuille de papier grand format.

5. Continuez de répertorier les idées jusqu'à ce que les élèves n'en aient plus.

6. Montrez aux élèves comment plusieurs de leurs idées peuvent s'associer en regroupant celles qui présentent des similarités. Identifiez chaque groupe d'idées par un titre de catégorie (voir la figure 5).

7. Demandez aux élèves de rédiger un texte sur le genre d'amis qu'ils sont en se basant sur ces critères.

TIRER PARTI DES SITUATIONS FAMILIÈRES DE LA SALLE DE CLASSE

Les élèves doivent avoir suffisamment de connaissances sur une situation d'apprentissage pour être en mesure d'en développer les critères. Par conséquent, il est important de tirer parti des situations familières de la salle de classe. Un enseignant de sciences humaines a entrepris l'établissement des critères d'évaluation avec ses élèves de neuvième année en leur rappelant un travail avec lequel ils étaient familiers et qu'ils avaient déjà effectué auparavant, soit dessiner une carte géographique.

1. Rappelez aux élèves qu'ils ont eu à dessiner des cartes géographiques à plusieurs reprises dans le passé.

2. Demandez aux élèves d'effectuer une séance de remue-méninges autour de la question suivante : « Qu'est-ce qui est important lorsque vous dessinez une carte géographique? »

Qu'est-ce qui est important lorsque je dessine une carte géographique en sciences humaines?

- elle est bien dessinée
- les bons éléments s'y trouvent
- on peut la lire facilement
- elle est en couleur
- l'orthographe est juste
- on utilise une règle pour écrire droit
- toutes les parties s'y trouvent
- elle est propre et soignée
- elle a un titre
- utilise des lettres majuscules
- indique où se trouve le nord
- tout est identifié
- a une légende

Figure 6a : Remue-méninges de la classe

- une personne peut la lire
- elle est bien dessinée
- on utilise une règle pour écrire droit
- on peut la lire
- elle est propre et soignée

Figure 6b : Résultat du tri et de la classification des idées

- elle est juste
- les bons éléments s'y trouvent
- elle a un titre
- l'orthographe est juste
- utilise des lettres majuscules

3. Inscrivez leurs idées sur une feuille de papier grand format. Ajoutez toutes les idées essentielles que les élèves ont omis, telles que « Insérer une légende. »

4. Transférez les idées se trouvant sur la feuille de papier grand format sur une seule feuille. Faites-en une copie pour chaque groupe de trois ou quatre élèves.

5. Le jour suivant, distribuez cette copie à chaque groupe.

6. Demandez aux élèves de découper en bande chacune des idées se trouvant sur la feuille.

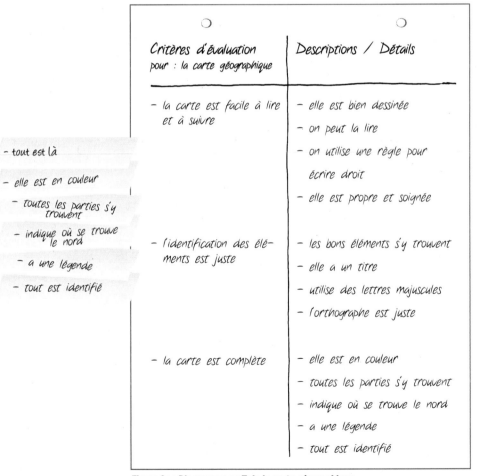

Figure 6c : Diagramme en T de la carte géographique

7. Invitez les élèves à trier et à classer les bandes de papier sur lesquelles sont inscrites les idées en les regroupant en trois à cinq piles. Demandez-leur de nommer chaque pile.

8. Invitez les élèves à partager avec le reste de la classe comment ils en sont arrivés à classer les bandes. Discutez des différentes idées que les groupes ont trouvées.

9. Décidez tous ensemble du nom des catégories qui seront utilisées. Concevez ensuite un diagramme sur lequel seront inscrits ces critères.

PRÉSENTER DES EXEMPLES CONCRETS

Un enseignant montre à ses élèves de onzième année comment établir les critères d'évaluation d'un rapport de laboratoire en utilisant des travaux anonymes effectués par les élèves des années précédentes. En ayant des exemples concrets sous les yeux, les élèves peuvent observer et décrire les éléments communs et importants qui s'y trouvent (voir la figure 7).

1. Remettez, à chaque groupe de trois ou quatre élèves, deux ou trois copies différentes de rapports de laboratoire. Mentionnez aux élèves que ces rapports, rédigés par des élèves de l'année précédente, sont tous des exemples de ce que constitue un bon travail et que vous voulez qu'ils prennent le temps de les examiner avant de rédiger eux-mêmes des rapports.

2. Demandez à chaque groupe de dresser une liste des éléments importants qui sont communs à chaque exemple de rapport de laboratoire.

3. Invitez les élèves à afficher leur liste afin que tous puissent les consulter.

4. Inscrivez sur une feuille de papier grand format les composantes que les élèves ont trouvées dans les exemples.

5. Regroupez trois à cinq idées semblables.

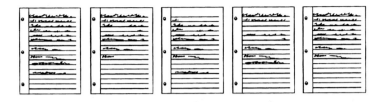

Figure 7 : Listes des groupes d'élèves; liste des éléments communs de la classe

Contribution de l'enseignant

Éléments communs retrouvés dans les rapports de laboratoire

- les diagrammes sont faits au crayon
- les diagrammes sont détaillés
- les étapes sont dans le bon ordre
- les rapports ont tous un titre
- ils présentent plusieurs observations
- ils contiennent des tableaux ou des graphiques
- ils sont écrits au stylo
- ils sont exempts de fautes d'orthographe
- ils sont propres
- les observations fournissent des preuves à l'appui de la conclusion
- les observations sont justes et détaillées

6. Demandez aux élèves de nommer chaque groupe d'idées.

7. Affichez les groupes d'idées (critères), puis discutez-en. Ajoutez les éléments essentiels que les élèves ont omis, tels que : « les observations fournissent des preuves à l'appui de la conclusion. »

8. Au cours suivant, distribuez un rapport de laboratoire qui ne respecte pas tous les critères. Demandez à la classe : « Qu'est-ce que cet élève devrait faire afin que son rapport de laboratoire respecte tous les critères d'évaluation? »

Ce que vous devez apprendre dans la leçon pour résoudre des problèmes mathématiques

- Apprendre à identifier et à décrire un problème
- Choisir et utiliser diverses stratégies
- Développer un plan pour résoudre le problème
- Discerner les similitudes et les relations entre les différents problèmes
- Trouver une solution juste, tout en sachant qu'il en existe peut-être plus d'une
- Être disposé à faire une nouvelle tentative si le premier essai n'a pas été fructueux
- Communiquer aux autres comment vous avez réussi à résoudre le problème
- Expliquer de quelle façon le problème s'applique à des situations à l'extérieur de la salle de classe

Figure 8a : Liste des résultats d'apprentissage en mathématiques

COMMENCER PAR LES RÉSULTATS D'APPRENTISSAGE

Une enseignante de mathématiques de huitième année établit les critères d'évaluation avec ses élèves en leur présentant ce qu'ils doivent apprendre dans la leçon. En utilisant les résultats d'apprentissage comme point de départ, elle renforce le lien qui existe entre les résultats escomptés et les critères d'évaluation, qui serviront de fondement aux preuves d'apprentissage.

1. Affichez une liste de résultats d'apprentissage en mathématiques, dans des mots que les élèves comprennent (voir la figure 8a). Mentionnez aux élèves que ces éléments sont ceux qu'ils doivent apprendre dans la leçon afin d'être en mesure de résoudre des problèmes mathématiques.

2. Invitez les élèves à répondre à la question : « Qu'est-ce qui démontrerait que vous avez appris à résoudre des problèmes de mathématiques? » Posez des questions spécifiques se rapportant à chacun des résultats d'apprentissage telles que : « Quelles sont les stratégies que vous utilisez lorsque vous résolvez des problèmes? », « Comment pouvez-vous démontrer que vous êtes disposés à faire une nouvelle tentative? », « Que faites-vous pour vous assurer que votre solution est juste? », « Comment savez-vous si les données d'un problème sont incomplètes? », « Comment savez-vous quelles autres données sont nécessaires pour résoudre un tel problème? »

3. Inscrivez les réponses des élèves sur une feuille de papier grand format.

4. Référez-vous à la liste originale des résultats d'apprentissage en mathématiques, puis demandez aux élèves : « Avons-nous oublié des éléments? » Travaillez tous ensemble afin de vous assurer que des descriptions ou des détails se rapportent à chaque résultat d'apprentissage.

5. Triez et classez les idées de la liste principale en trois à cinq catégories. Transférez ces éléments dans un diagramme en T (voir la figure 8b).

6. Entamez les activités de résolution de problèmes mathématiques en utilisant le diagramme en T comme guide.

Critères d'évaluation pour : la résolution de problèmes mathématiques	Descriptions / Détails
– comprendre le problème	– peut indiquer toutes les parties du problème – sait quoi faire – peut identifier qu'une partie est manquante
– choisir une stratégie pour le résoudre	– utilise des diagrammes pour solutionner le problème – pense aux problèmes similaires résolus par le passé – essaye plusieurs façons de résoudre le problème jusqu'à ce que cela fonctionne
– communiquer comment vous avez fait pour trouver la solution	– décortique le processus en étapes – vérifie le travail
– donner des exemples reliés à la vie courante	– nous utilisons les mêmes calculs mathématiques lorsque nous achetons du tapis pour la maison

Figure 8b : Diagramme en T

DÉBUTER AVEC LA RÉFLEXION DES ÉLÈVES

Lorsque les élèves peuvent choisir la façon dont ils représenteront leur apprentissage — un rapport de recherche, une présentation vidéo, une reconstitution de scène historique (un diorama), par exemple — cela ne signifie pas que les critères d'évaluation doivent être différents pour chaque type de représentation. Un élève résume la situation en posant la question suivante : « Comment pouvez-vous évaluer ou noter notre travail si nous faisons tous des projets différents? » Une enseignante de huitième année de sciences humaines travaille donc avec ses élèves pour établir des critères pouvant s'appliquer aux diverses façons qu'ils ont choisies de représenter leur apprentissage. Elle débute en invitant ses élèves à réfléchir attentivement au projet portant sur l'époque médiévale sur lequel ils viennent d'entreprendre leurs recherches.

1. Demandez aux élèves : « Quels éléments souhaiteriez-vous que je remarque dans vos projets? » Accordez deux à trois minutes aux élèves pour qu'ils puissent noter trois à cinq idées.

2. Invitez les élèves à partager leur liste avec un camarade, puis à encercler les éléments communs.

3. Sur une feuille de papier grand format, transcrivez la liste des éléments communs de tous les sous-groupes d'élèves (voir la figure 9a).

4. Au cours suivant, triez les éléments en catégories plus larges. C'est ici que vous ajouterez les éléments essentiels qui ont été omis.

5. Transcrivez les éléments dans un diagramme en T, puis affichez-le (voir la figure 9b).

6. Posez les questions suivantes : « Pouvez-vous voir de quelle manière les critères établis peuvent s'appliquer à la façon que vous avez choisie de représenter votre apprentissage? », « Avons-nous oublié des éléments? »

Que souhaiteriez-vous que je remarque dans le projet sur lequel vous travaillez?

- l'effort; le temps consacré pour l'accomplir
- clair et facile à lire
- les détails et les renseignements
- la créativité
- la présentation
- la précision
- la mise en page
- basé sur des événements réels
- rédigé selon une question de recherche à laquelle on répond
- une compréhension personnelle du sujet
- la créativité; l'originalité des idées
- l'organisation du travail
- la propreté du travail
- facile à lire
- intéressant
- le plan
- des personnages détaillés
- informations / faits pertinents
- des modèles réalistes qui reflètent l'époque médiévale
- un vocabulaire approprié, adapté à l'époque
- la présentation

Figure 9a : Liste de critères pour les projets de recherche

Critères d'évaluation pour : le projet portant sur l'époque médiévale	Descriptions / Détails
Poser une question de recherche et y répondre	– avoir une question de recherche et y répondre – intégrer des informations et des faits exacts – sélectionner les faits essentiels – consulter diverses sources d'information
Résumer l'information pour démontrer la compréhension et l'apprentissage	– le travail est détaillé, informatif et basé sur des faits – est clairement organisé – est basé sur des événements réels du Moyen Âge – l'élève utilise le vocabulaire et les concepts appropriés de l'époque – cite ses sources
Communiquer votre apprentissage par une représentation de votre choix	– démontre un effort, le temps investi dans le travail – est clair et facile à lire – est propre et soigné – est intéressant – reflète l'époque médiévale en intégrant des modèles réalistes – démontre de la créativité – présente des idées originales – le format de représentation choisi est approprié au sujet et adapté au partage d'information

Contribution de l'enseignant

Figure 9b : Diagramme en T

L'établissement des critères d'évaluation avec les élèves n'est que le commencement. Afin que les élèves restent centrés sur leur apprentissage, il est essentiel de lier les stratégies d'évaluation aux critères établis.

2. Évaluer les travaux des élèves en fonction des critères d'évaluation

Qu'est-ce que l'évaluation formative?

L'évaluation formative peut se définir comme étant un processus qui consiste à recueillir des données sur le rendement des élèves. Ce processus comprend l'observation des élèves, les conversations et les discussions avec eux, ainsi que l'examen de leurs productions telles que les projets, les tests et les devoirs.

Il importe cependant d'établir la distinction entre évaluation formative et évaluation sommative. L'évaluation formative implique l'appréciation des productions de l'élève et la cueillette d'échantillons de travail qui démontrent clairement son apprentissage. L'évaluation sommative implique un jugement et une interprétation de l'information recueillie à partir de ces données et, si nécessaire, l'assignation de notes ou de cotes.

Nous avons remarqué qu'en consacrant plus de temps et d'efforts à évaluer les élèves en utilisant une variété de stratégies d'évaluation, nous augmentons l'exactitude et la portée de nos évaluations. Nous gardons à l'esprit que l'évaluation formative (qui consiste à recueillir les données) est un processus continu, qui débute dès le premier jour où l'élève entre dans notre salle de classe, alors que l'évaluation sommative, celle qui survient en fin d'étape pour les bulletins scolaires (laquelle consiste à porter un jugement sur les données recueillies), n'a lieu que trois ou quatre fois par année.

Aussitôt que nous avons commencé à évaluer les élèves en utilisant une variété de stratégies d'évaluation (de façon continue), nous avons également dû modifier la façon dont nous consignions les notes. Ainsi, nos cahiers de compilation de données ne contiennent plus exclusivement des notes ou des cotes. Afin de saisir la richesse, la variété et la profondeur des évaluations formatives, nos données incluent maintenant des tâches évaluées selon une série de critères tels que les niveaux de rendement, les remarques et les observations, les autoévaluations, en plus des résultats aux examens, des cotes et des notes assignées aux travaux. Les notes et les cotes que nous assignons doivent refléter cette profondeur accrue de l'information recueillie sur l'apprentissage de l'élève. Pour un examen plus détaillé du sujet, consulter les pages 57 à 61 du chapitre 3.

Le passage à l'évaluation fondée sur les critères

Une fois les critères d'évaluation établis avec les élèves, le personnel enseignant doit déterminer comment le rendement des élèves sera évalué en fonction de ces critères. Cette section du livre présente dix façons d'évaluer les travaux des élèves sans recourir aux notes, aux pourcentages, aux cotes ou aux chiffres quels qu'ils soient. Ceci permet aux élèves de se concentrer sur les critères d'évaluation essentiels.

Notre volonté de nous distancier des notes ou des cotes attribuées aux travaux ou aux projets est un acte délibéré. Lorsque nous avons commencé à utiliser des critères d'évaluation, nous nous attendions à ce que les élèves se concentrent sur ces derniers. Toutefois, lorsqu'ils recevaient leurs travaux, ils ne s'attardaient qu'à leurs notes, sans prendre en considération les critères et l'apprentissage qui en découlait.

En tant qu'enseignants, nous avions cessé de nous livrer à la comparaison des travaux des élèves pour en arriver à une évaluation en fonction d'une série de critères. Nos élèves, par contre, n'avaient pas emboîté le pas.

Afin de faciliter la transition chez nos élèves, nous avons conçu dix façons d'évaluer leurs travaux sans recourir aux notes ou aux cotes. Nous avons ensuite appliqué ces diverses approches à des projets dont les critères d'évaluation avaient déjà été établis avec les élèves. Nous avons constaté que lorsque nous évaluions les travaux des élèves sans recourir aux chiffres et aux symboles associés à un classement ou à une classification, les élèves tendaient alors à s'attacher à ce qui était important : aux éléments de leur apprentissage et à ce qu'ils pouvaient faire en vue de progresser.

Cela ne signifie pas que nous n'attribuons jamais de notes, de pourcentages ou de cotes. Les élèves reçoivent des notes ou des cotes sur les contrôles, les jeux-questionnaires, les questions vrai ou faux et les travaux pour lesquels nous n'avons pas établi de critères d'évaluation. Toutes les évaluations, qu'elles soient qualitatives ou quantitatives, sont consignées. Ce sont sur elles que se basera l'évaluation du rendement de l'élève. Nous gardons à l'esprit qu'il n'est pas nécessaire d'attribuer une note ou une cote chaque fois que nous évaluons le travail des élèves, car la remise des bulletins ne se fait pas au quotidien. En tant qu'enseignants, nous devons porter des jugements professionnels sur le rendement de nos élèves en fonction des critères d'évaluation dans le but de communiquer ce rendement. Ceci s'effectue environ trois ou quatre fois par année, lorsque nous avons rassemblé un échantillon représentatif de preuves d'apprentissage.

Établir les critères d'évaluation avec les élèves et déterminer leur rendement en fonction ceux-ci (sans utiliser les notes ou les cotes) sont des moyens utilisés pour amener les élèves à voir au-delà des chiffres ou des symboles (« Qu'est-ce que j'ai obtenu? Qu'est-ce que ça vaut? Que dois-je faire pour obtenir un "A"? ») et de les inciter à se concentrer sur leur apprentissage (« Ce sont mes points forts. », « Je dois m'améliorer dans ces domaines. », « Le prochain élément sur lequel je dois travailler est... »). De cette façon, nous utilisons les critères d'évaluation pour soutenir l'apprentissage de tous les élèves.

Dix façons d'évaluer sans attribuer de notes et de cotes aux travaux des élèves

Nous avons conçu les diverses approches exposées ci-après et nous vous encourageons à les adapter à vos besoins et non à les adopter. Essayez celles qui vous attirent le plus et découvrez celles qui fonctionnent le mieux selon les divers types de projets ou de travaux, selon les divers groupes d'élèves ou selon la période de l'année.

Nous utilisons une panoplie de grilles d'évaluation, basées sur la figure 10, pour évaluer le travail des élèves. Ces grilles apportent aux élèves une rétroaction spécifique sur la qualité de leur travail et leur présentent, au fil du temps, un profil des progrès qu'ils ont accomplis. Avant de partager nos évaluations avec les élèves, nous consignons les résultats. Ceci nous procure un large éventail de données d'évaluation sur lesquelles nous fondons nos évaluations ultérieures.

Figure 10 : Exemple de grille d'évaluation

Les intitulés inscrits ici diffèrent selon
les stratégies d'évaluation privilégiées

Titre du travail ou
du projet

Les critères
d'évaluation, soit ce qui
est important dans le
travail ou le projet

Critères d'évaluation
pour :

L'enseignant et l'élève
peuvent demander une
rencontre lorsqu'ils ont
besoin d'obtenir plus
d'information.

☐ Rencontre demandée   Question(s) :

Date(s) de réception :

Évalué par :   ☐ Enseignante / Enseignant   Tâche :
                 ☐ Autoévaluation
                 ☐ Évaluation par les pairs
                 ☐ Autre   Élève :

La date où le tra-
vail a été reçu.

L'évaluation peut être accomplie
par l'enseignant, l'élève, un pair
ou une autre personne telle que
la direction de l'école ou un
parent.

L'enseignant ou l'élève
peut inscrire des ques-
tions pertinentes.

Critères d'évaluation

pour : *le journal de lecture autonome*   **Acquis**   **En voie d'acquisition**

	Acquis	En voie d'acquisition
– *l'élève rédige un minimum de 3 entrées dans son journal durant la semaine*		V
– *il inclut des liens personnels, des questions et des assertions*	V	
– *il utilise le format établi en salle de classe (c'est-à-dire, titres, pages numérotées)*		V

☐ Rencontre demandée   Question(s) :

Date(s) de réception :
le 20 novembre

Évalué par : ☑ Enseignant   Tâche :
          ☐ Autoévaluation   *Journal de lecture autonome*
          ☐ Évaluation par les pairs
          ☐ Autre   Élève :
                    André J., 3ᵉ période

**Figure 11 : Acquis, En voie d'acquisition
(document reproductible en annexe, page 69)**

ACQUIS, EN VOIE D'ACQUISITION

Par cette approche, l'accent est mis sur l'achèvement des tâches assignées aux élèves. Ce premier pas dans l'utilisation des critères d'évaluation permet de faire la distinction entre le travail que les élèves sont censés accomplir et leur degré de maîtrise.

1. Déterminez les critères d'évaluation relatifs à un projet donné. L'enseignant peut déterminer les critères ou se référer au processus en quatre étapes (pages 13 à 20) afin d'impliquer les élèves dans l'identification des critères.

2. Créez une grille d'évaluation comme celle illustrée à la figure 11, puis donnez-en une à chaque élève.

3. Évaluez le rendement de l'élève selon les critères d'évaluation en cochant (√) soit la colonne « Acquis », soit la colonne « En voie d'acquisition », selon le cas, pour chaque critère établi.

4. Surlignez les critères qui n'ont pas encore été atteints.

5. Après avoir remis les grilles d'évaluation aux élèves, invitez ceux qui ont obtenu la mention "EVA" à retravailler la tâche visée et à soumettre à nouveau leur travail pour une réévaluation.

6. Consignez les résultats sous "A" (Acquis) ou "EVA" (En voie d'acquisition). Si les élèves soumettent à nouveau leur travail, indiquez "R" pour « Révisé, » en ajoutant un "A" si le critère a été atteint.

ACQUIS, EN VOIE D'ACQUISITION, JE REMARQUE

Par cette approche, nous regardons au-delà de l'achèvement du travail pour nous concentrer sur les aspects démontrant la qualité ou le progrès du travail en question.

1. Déterminez les critères d'évaluation relatifs à un projet donné. L'enseignant peut déterminer les critères ou se référer au processus en quatre étapes (pages 13 à 20) afin d'impliquer les élèves dans l'identification des critères.

2. Créez une grille d'évaluation comme celle illustrée à la figure 12, puis donnez-en une à chaque élève.

3. Évaluez le rendement de l'élève en fonction des critères d'évaluation en cochant (√) la colonne « En voie d'acquisition » et en surlignant les éléments sur lesquels l'élève doit porter une attention particulière, ou en cochant (√) « Acquis » et en écrivant de brefs commentaires dans la colonne « Je remarque... » Ces commentaires devraient être axés sur la qualité du travail accompli ou sur le progrès qui a été fait depuis le dernier travail.

4. Avant de remettre la grille d'évaluation aux élèves, consignez leurs résultats en inscrivant "A" ou "EVA". Un astérisque pourrait être utilisé avec le "A" pour indiquer la présence d'un commentaire sur la qualité ou le progrès.

5. Si les élèves soumettent à nouveau leur travail, indiquez "R" pour « Révisé, » en ajoutant un "A" pour « Acquis » si le critère a été atteint.

Critères d'évaluation pour : *le journal de lecture autonome* **Acquis**		**En voie d'acquisition**	**Je remarque...**
– l'élève rédige un minimum de 3 entrées dans son journal durant la semaine	V		– tu as rédigé 5 entrées cette semaine
– il inclut des liens personnels, des questions et des assertions	V		– tu as clairement exprimé tes sentiments au sujet des personnages
– il utilise le format établi en salle de classe (c'est-à-dire, titres, pages numérotées)		V	

☐ Rencontre demandée	Question(s) :
Date(s) de réception : *le 29 septembre*	
Évalué par : V Enseignant ☐ Autoévaluation ☐ Évaluation par les pairs ☐ Autre	Tâche : *Journal de lecture autonome* Élève : *Sam T., 1re période*

Figure 12 : Acquis, En voie d'acquisition, Je remarque (document reproductible en annexe, page 70)

LE JUMELAGE AUX COPIES TYPES

Plusieurs élèves ressentent le besoin non seulement d'entendre, mais aussi de voir ce qui est attendu d'eux. En leur montrant des exemples concrets de travaux qui respectent une série de critères et en les analysant en groupe, les élèves acquièrent une compréhension plus claire de ce qui est important.

    1. Trouvez de deux à trois copies types de travaux achevés dont la qualité va de satisfaisante à supérieure.

    2. Sur chacune de ces copies, écrivez des énoncés spécifiques, qui utilisent le même vocabulaire que celui des critères établis, pour souligner quels éléments particuliers du travail respectent les critères. Ces énoncés doivent être descriptifs et neutres.

Figure 13a: Exemple

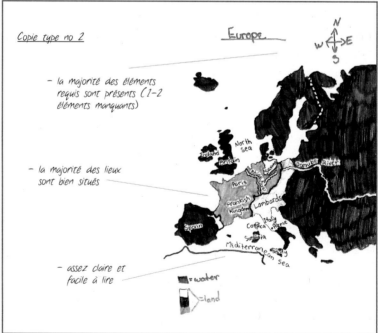

3. Numérotez chaque copie, puis affichez-les à la vue des élèves.

4. Créez une grille d'évaluation comme celle illustrée à la figure 13b, puis donnez-en une à chaque élève.

5. Évaluez les travaux des élèves en fonction d'un jumelage à la copie type qui s'apparente le plus à la qualité du travail fourni. Inscrivez sur la grille le numéro de la copie type à laquelle correspond le travail de l'élève. Indiquez une ou deux raisons justifiant ce jumelage.

6. Avant de remettre les grilles d'évaluation aux élèves, consignez les résultats en indiquant le numéro de la copie type qui correspond le plus à la qualité du travail fourni.

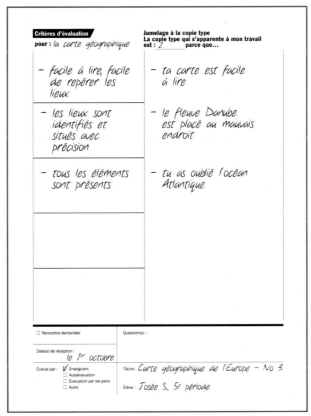

Figure 13b : Grille d'évaluation en fonction d'un jumelage à une copie type (document reproductible en annexe, page 71)

Grille d'évaluation du rendement

Critères d'évaluation pour : *le travail d'équipe*	3	2	1
– *S'entendre avec les coéquipiers*	*les membres de l'équipe ont apprécié le travail de groupe*	*les membres de l'équipe s'entendent bien*	*la plupart des membres de l'équipe s'entendent avec les autres*
– *Échanger des idées*	*tous les membres de l'équipe ont échangé des idées*	*la majorité des membres de l'équipe ont échangé des idées (certains plus que d'autres)*	*certains membres de l'équipe ont échangé des idées (il a fallu inviter les autres à communiquer leurs idées)*
– *Écouter les autres*	*tous les coéquipiers se sont sentis écoutés*	*la majorité des membres de l'équipe ont écouté les autres*	*certains membres de l'équipe ont besoin de rappels afin d'écouter*
– *Terminer le travail à accomplir*	*les membres ont achevé tout le travail assigné dans le temps accordé*	*les membres ont effectué le travail demandé (mais ont dû faire certaines sections du travail avec moins de soin)*	*le groupe e eu besoin d'un délai supplémentaire pour terminer le travail*
– *Utiliser un ton de voix qui ne dérange pas les autres groupes*	*les coéquipiers parlent toujours à voix basse*	*les coéquipiers parlent à voix basse la plupart du temps*	*les coéquipiers ont tenté de parler à voix basse (mais des rappels ont été nécessaires)*

☐ Rencontre demandée

Date(s) de réception :
le 17 octobre

Évalué par : ☑ Enseignant
☐ Autoévaluation
☐ Évaluation par les pairs
☐ Autre

Question(s) : *Quel est l'élément sur lequel votre groupe devrait se concentrer la prochaine fois pour vous assurer que votre travail soit achevé à temps ?*

Tâche :
Travail d'équipe – Atelier de poésie

Élève :
Marie N, Denis L, Léo C

**Figure 14 : Grille d'évaluation du rendement
(document reproductible en annexe, page 72)**

LA GRILLE D'ÉVALUATION DU RENDEMENT

Cette approche vise à offrir un éventail de descriptions du rendement des élèves, lesquelles doivent être rédigées dans un langage qu'ils comprennent. De cette façon, chacun des élèves peut voir où il se situe dans une perspective globale et savoir ce qu'il doit travailler en priorité. Ainsi, la grille de rendement offre aux élèves un cadre de référence pour se situer et, de là, se fixer des objectifs d'apprentissage réalistes. L'aspect le plus important de cette approche consiste en ce que les élèves peuvent clairement visualiser les divers niveaux de rendement : ils peuvent mieux réussir en fonction de certains critères, mais moins bien pour d'autres. Par conséquent, les élèves obtiennent des informations très spécifiques sur les aspects à améliorer et sur la manière dont ils peuvent y parvenir.

1. Développez trois niveaux de rendement qui décrivent le travail de l'élève. Ces niveaux doivent être en lien direct avec les critères établis pour le projet. Transcrivez ces descriptions dans une grille d'évaluation du rendement (voir la figure 14).

2. Faites une copie de cette grille d'évaluation du rendement pour chaque élève. Distribuez les copies afin que les élèves connaissent les niveaux d'atteinte des critères sur lesquels portera leur évaluation.

3. Demandez aux élèves de joindre à leur travail la copie vierge de la grille lors de la remise de leur travail. À l'aide d'un surligneur, évaluez le rendement de l'élève en surlignant, pour chaque critère, la case qui s'apparente le plus à la qualité du travail remis.

4. Avant de remettre cette grille de rendement aux élèves, consignez leurs résultats. Notez le niveau qui correspond à votre évaluation du rendement de l'élève en relation avec chacun des critères (par exemple, une série de cinq critères en lien avec un projet pourrait se consigner comme ceci : 2-1-3-3-3). Il est important de rappeler aux élèves que les chiffres sont des symboles qui représentent les différents niveaux de la grille d'évaluation du rendement. Leur but est d'offrir une rétroaction spécifique à l'élève pour l'amener à se fixer des objectifs en vue de s'améliorer.

Critères d'évaluation

pour : la rédaction d'un paragraphe	À faire plus	À faire moins
- utilise efficacement les notions linguistiques	utilise davantage le vocabulaire que tu as inscrit dans ton outil organisationne	
- présente des éléments pour appuyer l'idée principale	tu as besoin de plus de détails pour décrire Juliette avec précision.	
- utilise des stratégies de révision de documents		utilise moins les virgules; consulte le guide d'écriture à la page 36.
- observe les consignes pour la rédaction d'un paragraphe		

☐ Rencontre demandée

Question(s) :

Date(s) de réception : le 7 novembre

Évalué par : ☑ Enseignant ☐ Autoévaluation ☐ Évaluation par les pairs ☐ Autre

Tâche : Le paragraphe descriptif

Élève : Erica S., 2e période

Figure 15 : À faire plus, À faire moins (document reproductible en annexe, page 73)

À FAIRE PLUS, À FAIRE MOINS

Par cette approche, les élèves apprennent à reconnaître sur quoi ils doivent concentrer leurs efforts et quels aspects de leur travail sont importants. Par exemple, un élève devrait consacrer plus de temps à la recherche et moins de temps à colorier la page titre du projet. Cette approche montre également aux élèves que, en effectuant quelques changements d'un côté ou de l'autre, ils seront en mesure de se rapprocher des critères.

1. Créez une grille d'évaluation comme celle illustrée à la figure 15, puis donnez-en une à chaque élève.

2. Évaluez le rendement des élèves en leur offrant une rétroaction sur ce qu'ils doivent augmenter ou minimiser pour atteindre les critères d'évaluation établis.

3. Invitez les élèves à retravailler la tâche selon la rétroaction et à la soumettre à nouveau pour une réévaluation.

4. Consignez les commentaires pertinents que vous désirez conserver pour consultation future.

N.B. (PRÊTE ATTENTION À…)

Évaluer un travail en cours de réalisation est important si nous désirons que nos élèves connaissent la réussite. Le but de l'approche N.B. est de fournir, sur une base régulière, une rétroaction spécifique aux élèves sur leur travail lorsqu'ils sont dans le processus même de l'accomplir.

1. Durant la réalisation d'un travail, inscrivez sur des papiers amovibles datés quels sont les critères d'évaluation auxquels l'élève doit prêter attention, puis les coller sur le travail en question.

2. Lorsque les élèves remettent les travaux, cochez les notes ou marquez-les d'un "X" pour indiquer si ils ont prêté attention au "N.B." Transférez les notes amovibles dans votre cahier de consignation (voir la figure 22b, page 61).

Figure 16 : Notes N.B. amovibles en lien avec les critères

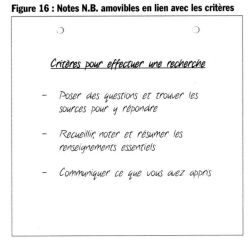

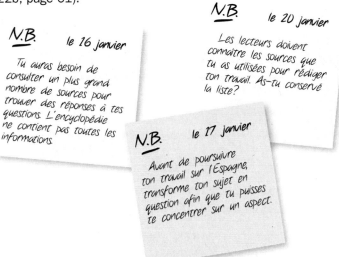

N.B. L'expression latine « nota bene » signifie littéralement « notez bien », c'est-à-dire « prêtez attention à un point important »

Critères d'évaluation

pour : la rédaction d'un paragraphe   **Commentaires spécifiques**

Critères	Commentaires spécifiques
– utilise efficacement les notions linguistiques	l'utilisation que tu fais des mots de liaison (ensuite, après, puis) facilite la lecture de ton travail.
– présente des détails pour appuyer les idées principales	
– observe les consignes pour la rédaction d'un paragraphe	achève tes idées en ajoutant une phrase de conclusion.
– utilise des stratégies de révision de documents	l'utilisation du logiciel de vérification de l'orthographe a bien fonctionné. Je n'ai trouvé aucune faute!

☐ Rencontre demandée

Question(s) :

Date(s) de réception :
le 30 novembre

Évalué par : ☑ Enseignant
☐ Autoévaluation
☐ Évaluation par les pairs
☐ Autre

Tâche :
Le paragraphe

Élève :
Janet K., 3e période

Figure 17 : Commentaires spécifiques
(document reproductible en annexe, page 74)

LES COMMENTAIRES SPÉCIFIQUES

Certaines phrases de renforcement de l'enseignant telles que : « J'aime ça! C'est très bien! » ne fournissent pas l'information ou l'orientation dont a besoin l'élève pour assurer sa réussite. Ainsi, cette approche vise à développer une rétroaction spécifique et descriptive. De cette façon, l'élève sera en mesure de reproduire les éléments réussis et saura précisément ce qu'elle ou il doit changer pour améliorer un travail.

1. Créez une grille d'évaluation comme celle illustrée à la figure 17, puis donnez-en une à chaque élève.

2. Évaluez le rendement des élèves en offrant une rétroaction spécifique et descriptive. Décrivez le rendement au lieu de porter un jugement ou de formuler des opinions. Par exemple, un commentaire spécifique en lien avec la rédaction d'une lettre commerciale comportant comme critère « une intention claire et précise » pourrait être formulé comme suit : « Ta lettre démontre clairement ton insatisfaction à l'égard du produit (objet de la lettre). » Commenter le travail en posant un jugement tel que « Bon travail! » ne fournit aucune piste à l'élève pour l'amener à déterminer ce qui est bon et ce qu'elle ou il devrait réitérer dans un travail subséquent.

3. Avant de remettre la grille d'évaluation aux élèves, consignez les commentaires spécifiques pertinents que vous désirez conserver pour consultation future.

Figure 18a : Acronyme et mots clés

L'UTILISATION DES ACRONYMES

L'utilisation des acronymes aide les élèves à se souvenir des critères d'évaluation. Cette approche toute simple montre également aux élèves que l'apprentissage est un processus et qu'ils ne pourront pas nécessairement atteindre tous les objectifs dès le premier essai (ce qui ne fait aucunement partie de nos attentes d'ailleurs).

1. Examinez les critères pour trouver les mots clés qui peuvent être utilisés en vue de former un acronyme (voir la figure 18a).

2. Affichez l'acronyme sur une feuille de papier grand format ou au tableau afin que les élèves puissent s'y référer.

3. Évaluez le rendement des élèves en prenant en note les lettres de l'acronyme qui correspondent aux critères atteints (voir la figure 18b). Cette rétroaction immédiate permet aux élèves de connaître quels sont les critères atteints et leur indique les éléments sur lesquels ils devraient encore travailler.

4. Avant de remettre la grille d'évaluation aux élèves, consignez les lettres de l'acronyme qu'ils ont obtenues.

Figures 18a + 18b : Comme le montrent les exemples ci-après, il est possible que les élèves n'obtiennent que quelques-unes des lettres de l'acronyme lorsqu'ils débutent une nouvelle tâche (par exemple, LR ou IRE).

Figure 18a : Acronyme et mots clés

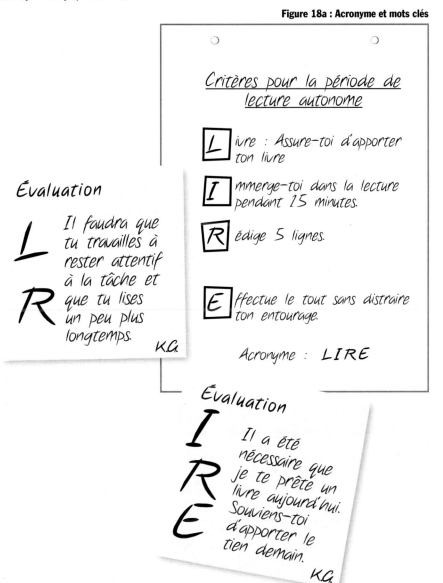

Figure 18b : Acronyme et notes amovibles

Critères d'évaluation

pour : *un exposé oral*

La prochaine étape est ...

– *être intéressant pour son auditoire*	*écoute les enregistrements audio des présentations et écoute comment la classe apprécie ta présentation.*
– *facile à suivre et à comprendre*	*fais un tableau afin que ton auditoire puisse bien voir et saisir tes propos.*
– *ajuster le langage et les manières*	*utilise tes cartes de notes pour éviter de perdre le fil de tes idées.*

☐ Rencontre demandée

Question(s) :

Date(s) de réception :
le 10 février

Évalué par : ☑ Enseignant
☐ Autoévaluation
☐ Évaluation par les pairs
☐ Autre

Tâche :
Exposé oral sur la croissance démographique au Japon

Élève :
Simon L., 3e période

Figure 19 : La prochaine étape
(document reproductible en annexe, page 75)

LES PROCHAINES ÉTAPES

Cette approche montre aux élèves qu'il est possible de procéder par petites étapes afin de progresser dans leur apprentissage, surtout lorsque la charge de travail semble énorme.

1. Créez une grille d'évaluation comme celle illustrée à la figure 19, puis donnez-en une à chaque élève.

2. Évaluez le rendement des élèves en précisant deux ou trois étapes qu'ils pourraient suivre pour progresser. Ces étapes pourraient décrire les moyens à prendre pour améliorer leur travail, comme exposer les idées en donnant plus de détails, réviser certaines parties de la tâche ou développer de nouvelles habiletés. Par exemple : « Prochaine étape : Travaille la conjugaison des verbes en ir, en référence à la page 25 de ton texte. » « Prochaine étape : Présente cette rédaction; le résultat est concluant. »

3. Avant de remettre la grille d'évaluation aux élèves, consignez les « prochaines étapes » de leur apprentissage que vous désirez conserver pour consultation future.

LES QUESTIONS ESSENTIELLES

Cette approche est conçue pour fournir aux élèves des renseignements au sujet de leurs points forts, pour souligner un ou deux défis (deux au maximum) et pour offrir des suggestions réalistes en vue d'établir des objectifs d'apprentissage.

1. Créez une grille d'évaluation comme celle illustrée à la figure 20, puis donnez-en une à chaque élève.

2. Évaluez le rendement des élèves en répondant aux questions clés suivantes : « Qu'est-ce qui fonctionne bien? Qu'est-ce qui fonctionne moins? Quelle est l'étape suivante? »

3. Référez-vous aux critères d'évaluation établis en classe pour rédiger vos commentaires.

4. Fournissez des renseignements aux élèves concernant ce qui fonctionne bien afin qu'ils puissent s'appuyer sur ces acquis.

5. Avant de remettre la grille d'évaluation aux élèves, consignez les points particuliers de leur apprentissage que vous désirez conserver pour consultation future.

Critères d'évaluation **pour :** la résolution de problèmes	**Qu'est-ce qui fonctionne bien?**	**Qu'est-ce qui fonctionne moins?**	**Quelle est l'étape suivante?**
– comprendre le problème	Tu savais ce qu'il fallait observer.		
– choisir une stratégie pour le résoudre	Tu as essayé de dessiner des diagrammes et de souligner les termes importants.		Revois les problèmes que nous avons déjà travaillés en page 11 ou consulte Jérémie.
– découvrir la solution et communiquer le raisonnement qui t'a permis d'y parvenir		Tu n'es pas allée tout à fait assez loin. Il y avait encore une étape.	
– donner des exemples de ce type de problème appliqué à la vie courante	Ton exemple est juste.		

☐ Rencontre demandée

Question(s) :

Date(s) de réception :
    le 13 mai

Évalué par : ☑ Enseignant
☐ Autoévaluation
☐ Évaluation par les pairs
☐ Autre

Tâche :
    La résolution de problèmes mathématiques, page 17

Élève :
    Annabelle S, 1re période

Figure 20 : Questions essentielles
(document reproductible en annexe, page 76)

3. Questions et réponses

Q : Qu'arrive-t-il aux notes ou aux cotes lorsque nous privilégions ces approches?

R : Par le passé, nous déterminions une note ou une cote en additionnant les points, puis en établissant les pourcentages. Maintenant, nous établissons le bulletin scolaire en utilisant une combinaison de notes, de pourcentages, d'annotations et d'observations ainsi qu'une évaluation fondée sur des critères (laquelle comprend des scores gradués, des symboles et des commentaires spécifiques).

Le processus d'évaluation fondée sur des critères bien définis requiert que nous regardions le rendement d'un élève en fonction de ce qui doit être appris et des preuves d'apprentissage au lieu d'établir des comparaisons avec le travail des autres apprenants. Le processus de notation consiste alors en l'appariement des données à une description du succès ou de la qualité plutôt qu'en une compilation de chiffres ou une moyenne de ceux-ci. Pour nous, cela signifie qu'il faut changer la question « Quelle note ou quel pourcentage les élèves doivent-ils obtenir pour se mériter un "A"? » et la formuler comme suit : « Selon la description associée à chaque cote alphabétique, laquelle correspond le plus fidèlement au rendement de l'élève? »

Nous commençons par rédiger une description de ce à quoi correspond le rendement associé à l'échelon "A", ou « rendement supérieur », dans la matière que nous enseignons. Parfois, nous élaborons ces descriptions sans aide, parfois nous le faisons en collaboration avec les collègues de notre département. Nous rédigeons une description pour chacune des cotes "A", "B", et "C".

Par la suite, nous guidons les élèves dans leur compréhension de ce qu'ils doivent accomplir pour obtenir la cote "A" en leur montrant la description d'un « rendement supérieur » et en discutant de ce que cela signifie. Par exemple, dans une classe d'anglais, nous avons présenté les conditions requises, montrées à la figure 21a, correspondant à « rendement supérieur » ou "A". Nous avons ensuite discuté avec les élèves des différents types de preuves d'apprentissage que nous allions recueillir (voir la figure 21b).

Lorsque le temps d'assigner une cote arrive, nous suivons le processus suivant :

1. Revoir les données d'évaluation recueillies pour chaque élève.

2. Examiner chacune des descriptions associées aux cotes. Surligner les énoncés spécifiques des descriptions qui correspondent le plus fidèlement au travail de l'élève.

3. Envisager le rendement global de l'élève, puis attribuer une cote.

Rendement supérieur en anglais
Attentes liées à la cote A

- Fait de nombreuses lectures de documents difficiles, souvent complexes de par leur nature (style et forme), de façon autonome.

- Utilise une grande variété de stratégies pour comprendre l'information contenue dans divers genres de textes, tant sur le plan littéral qu'inductif.

- Démontre une compréhension approfondie et intuitive en établissant des liens solides entre son vécu, le vécu d'autrui et d'autres textes.

- Rédige efficacement des textes couvrant une vaste gamme de sujets, en utilisant diverses formes et des styles complexes s'adressant à un auditoire varié.

- Utilise de façon constante les conventions linguistiques de l'écriture (l'orthographe, la ponctuation et la syntaxe).

- Travaille de façon productive en groupe et en tant que membre de la classe.

- Les évaluations formatives démontrent, d'une manière constante, une compréhension approfondie.

Figure 21a : Exemple de description pour une cote

Rendement supérieur en anglais
Attentes liées à la cote A

- Fait de nombreuses lectures de documents difficiles, souvent complexes de par leur nature (style et forme), de façon autonome.
Preuves d'apprentissage : journal de lecture autonome avec liste de livres lus

- Utilise une grande variété de stratégies pour comprendre l'information contenue dans divers genres de textes, tant sur le plan littéral qu'inductif.
Preuves d'apprentissage : rencontres et conversations, résultats de tests, journal de lecture autonome

- Démontre une compréhension approfondie et intuitive en établissant des liens solides entre son vécu, le vécu d'autrui et d'autres textes.
Preuves d'apprentissage : journal de lecture autonome, observations, autoévaluations

- Rédige efficacement des textes couvrant une vaste gamme de sujets, en utilisant diverses formes et des styles complexes s'adressant à un auditoire varié.
Preuves d'apprentissage : portfolio d'écriture

- Utilise de façon constante les conventions linguistiques de l'écriture (l'orthographe, la ponctuation et la syntaxe).
Preuves d'apprentissage : portfolio d'écriture, résultats de tests, évaluation des divers projets

- Travaille de façon productive en groupe et en tant que membre de la classe.
Preuves d'apprentissage : évaluations de enseignant, évaluations par les pairs, autoévaluations, exposés oraux

- Les évaluations formatives démontrent, d'une manière constante, une compréhension approfondie.
Preuves d'apprentissage : résultats de tests, évaluations des projets, observations, attribution de notes ou de cotes

Figure 21b : Description d'une cote accompagnée des preuves d'apprentissage

Les évaluations des élèves ne s'inscrivent pas toujours clairement dans un ensemble de descriptions. En utilisant un surligneur pour identifier les énoncés qui correspondent au travail des élèves, nous pouvons leur montrer les aspects de leur rendement qui sont considérés très bons, excellents ou à travailler afin d'obtenir une cote en particulier.

Sciences humaines Liste des élèves 3e période	Carte no 1 Acquis / En voie d'acquisition / R = Révisé	Carte no 2 Acquis / En voie d'acquisition / R = Révisé	Contrôle / 50	Carte no 3 Jumelage aux copies types 1, 2, 3	Exposé oral en groupe Grille d'évaluation du rendement (3 X 5)	Contrôle / 30	Projet final Grille d'évaluation du rendement (3 X 3)	
Sarah A.	ÉVA=R A	A	32	2	3-2-2-2-2	21	2-2-2	
Marc D.	A	A	49	1	3-2-3-3-3	28	3-2-3	
Suzanne K.	ÉVA	ÉVA	19	3	2-3-2-2-1	12	1-1-2	

Figure 22a : Exemple de registre pour consigner les résultats des élèves

Q : De quelle manière notre façon de compiler et de consigner les résultats des élèves a changé depuis que nous utilisons les critères d'évaluation?

R : Nos registres, format papier ou format électronique, contiennent maintenant plus que des cotes ou des notes. Nous avons une section où nous pouvons rapidement consigner des nombres ou des symboles (voir la figure 22a). Nous avons également une autre section où nous pouvons écrire nos observations et nos commentaires sur l'élève (voir la figure 22b). Les enseignants peuvent choisir de les organiser en fonction de leurs classes ou des matières qu'ils enseignent. Quelle que soit la façon dont le registre est organisé, il doit présenter un large éventail de preuves d'apprentissage.

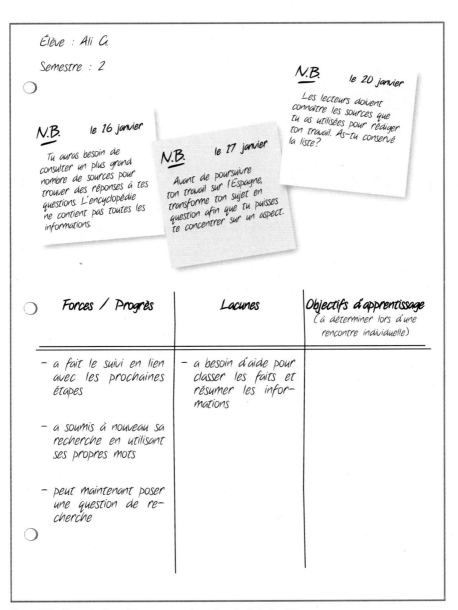

Figure 22b : Exemple de registre pour consigner les résultats des élèves

Q : Les élèves peuvent-ils utiliser ces approches pour s'autoévaluer?

R : Oui. Les élèves peuvent utiliser les dix approches expliquées aux pages 36 à 55 pour s'autoévaluer. Nous avons observé que nos élèves ont besoin de discuter de l'importance de l'autoévaluation et de recourir à différentes stratégies d'évaluation. Mais plus important encore, il est primordial que les élèvent sachent que le personnel enseignant apprécie et tient compte de ce qu'ils disent.

Lorsqu'il existe un écart important entre l'évaluation de l'enseignant et l'autoévaluation de l'élève (par exemple, lorsque l'évaluation de l'enseignant est en contradiction avec l'autoévaluation de l'élève), l'élève pourra se dire : « À quoi bon faire ceci? Il fera ce qu'il veut de toute façon. » Plutôt que d'ignorer ou d'écarter l'autoévaluation de l'élève, il est de mise d'organiser une rencontre. Dans ce cas, l'unique élément retrouvé sur la grille d'évaluation est un crochet (√) dans la case « Rencontre demandée. »

Une rencontre offre l'occasion à l'enseignant et à l'élève de discuter, d'examiner les preuves d'apprentissage recueillies et de s'entretenir sur des éléments difficiles, voire impossibles à consigner sur papier. Les réponses de l'élève au questionnement de l'enseignant peuvent permettre d'informer cette dernière ou ce dernier sur des éléments inconnus et de clarifier les points controversés. Ainsi, une rencontre permet, tant à l'élève qu'au personnel enseignant, une occasion de clarifier les sources de confusion.

Afin d'en connaître davantage au sujet de l'autoévaluation, on peut consulter le livre 2 de cette série : *L'autoévaluation et la détermination des objectifs.*

Q : **Qu'advient-il des élèves qui ne peuvent pas satisfaire à tous les critères d'évaluation?**

R : Il est possible que dans nos classes se trouvent des élèves dont les besoins sont si particuliers qu'ils ne pourront malheureusement pas satisfaire à tous les critères d'évaluation établis. Nous débutons alors en demandant à ces élèves de ne satisfaire qu'à un critère à la fois. Ils commencent avec le critère qui leur est le plus familier et, par la suite, nous ajoutons un nouveau critère, adapté à chaque cas.

Q : **Comment puis-je convaincre mes élèves de se passer de cotes et de notes?**

Avant de cesser d'utiliser les notes et les cotes comme unique source d'évaluation des travaux des élèves, nous avons discuté avec nos élèves de ce que nous allions évaluer et pourquoi nous allions évaluer sans recourir aux notes ou aux cotes. Nous avons débuté tranquillement en n'utilisant qu'une seule façon toute simple d'évaluer (par exemple : « Acquis, En voie d'acquisition ») et avons conservé cette approche pendant plusieurs semaines, voire plusieurs mois (le temps nécessaire pour que nos élèves comprennent le principe). Lorsque les élèves sont devenus familiers avec cette approche, nous en avons ajouté une autre, un peu plus complexe. Nous avons encouragé nos élèves en leur faisant observer les progrès accomplis, en soulignant qu'ils connaissaient désormais leurs forces et les améliorations requises et qu'ils pouvaient se fixer des objectifs d'apprentissage.

Nous avons constaté que nos élèves pouvaient se passer de notes ou de cotes lorsque nous établissions les critères d'évaluation avec eux et que nous leur présentions des attentes claires et précises. Nous leur fournissions une rétroaction spécifique et descriptive fondée sur des stratégies d'évaluation centrées sur les critères d'évaluation. Le type d'évaluation que nous utilisions auprès des élèves permettait de placer leur apprentissage au premier plan.

Certains élèves voient toujours les notes et les cotes comme une nécessité du système scolaire. Nous comprenons que pendant un bon nombre d'années, ils ont entendu des propos du genre « Ceci est important et fera partie de l'examen. Vous devez l'apprendre pour obtenir un "A". » Ainsi, notre principal défi est d'accroître la participation de nos élèves dans le processus d'évaluation. Grâce à cette participation active, nous avons vu bon nombre de nos élèves s'éloigner enfin de cette dépendance excessive à l'égard des notes ou des cotes. Les élèves ont commencé à comprendre qu'une simple note ou cote ne peut absolument pas communiquer à elle seule la portée et la profondeur de leur apprentissage.

CONCLUSION

Établir et utiliser des critères est le premier livre de la série « Savoir ce qui est important », une série qui se concentre sur la participation active des élèves au processus d'évaluation. Lorsque nous déterminons les critères pour une tâche, nous établissons les éléments qui sont importants. Lorsque nous impliquons les élèves dans l'établissement de ces critères, nous augmentons leur compréhension et leur engagement : cela les incite à s'approprier leur apprentissage. Lorsque nous évaluons les travaux des élèves en fonction des critères, sans recourir aux chiffres, nous gardons le point de mire sur l'apprentissage. Ce qui est important pour nous, c'est l'utilisation efficace des stratégies d'évaluation pour favoriser l'apprentissage de tous les élèves.

ANNEXES : DOCUMENTS REPRODUCTIBLES

Remarque : Les pages suivantes peuvent être reproduites pour une utilisation en salle de classe. Afin d'agrandir les documents au format 8 ½" x 11" (21,5 cm x 28 cm), il suffit de programmer le photocopieur à 143 % en alignant le haut de la page du livre avec la bordure correspondante de la surface vitrée du photocopieur.

Critères d'évaluation

pour :

	Acquis	En voie d'acquisition

☐ Rencontre demandée

Date(s) de réception :

Évalué par : ☐ Enseignant
☐ Autoévaluation
☐ Évaluation par les pairs
☐ Autre

Question(s) :

Tâche :

Élève :

| **Critères d'évaluation** | | | **En voie** | |
pour :	**Acquis**		**d'acquisition**	**Je remarque...**

☐ Rencontre demandée   Question(s) :

Date(s) de réception :

Évalué par :   ☐ Enseignant   Tâche :
               ☐ Autoévaluation
               ☐ Évaluation par les pairs
               ☐ Autre   Élève :

Critères d'évaluation

pour :

Jumelage à la copie type
**La copie type qui s'apparente à mon travail
est : .... parce que...**

☐ Rencontre demandée

Question(s) :

Date(s) de réception :

Évalué par : ☐ Enseignant
☐ Autoévaluation
☐ Évaluation par les pairs
☐ Autre

Tâche :

Élève :

Critères d'évaluation

Grille d'évaluation du rendement

pour :	3	2	1

☐ Rencontre demandée

Question(s) :

Date(s) de réception :

Évalué par : ☐ Enseignant
☐ Autoévaluation
☐ Évaluation par les pairs
☐ Autre

Tâche :

Élève :

Critères d'évaluation

pour :	À faire plus	À faire moins

☐ Rencontre demandée

Question(s) :

Date(s) de réception :

Évalué par : ☐ Enseignant
☐ Autoévaluation
☐ Évaluation par les pairs
☐ Autre

Tâche :

Élève :

Critères d'évaluation

pour :

Commentaires spécifiques

☐ Rencontre demandée

Question(s) :

Date(s) de réception :

Évalué par : ☐ Enseignant
☐ Autoévaluation
☐ Évaluation par les pairs
☐ Autre

Tâche :

Élève :

pour :   **La prochaine étape est ...**

☐ Rencontre demandée

Date(s) de réception :

Évalué par : ☐ Enseignant
☐ Autoévaluation
☐ Évaluation par les pairs
☐ Autre

Question(s) :

Tâche :

Élève :

Critères d'évaluation pour :	**Qu'est-ce qui fonctionne bien?**	**Qu'est-ce qui fonctionne moins?**	**Quelle est l'étape suivante?**

☐ Rencontre demandée   Question(s) :

Date(s) de réception :

Évalué par :   ☐ Enseignant   Tâche :
           ☐ Autoévaluation
           ☐ Évaluation par les pairs
           ☐ Autre   Élève :

Bibliographie

Anthony, R., Johnson, T., Mickelson, N. & Preece, A. 1991. *Evaluating Literacy: A Perspective for Change*. Portsmouth, NH: Heinemann.

Caine, R. & Caine, G. 1991. *Making Connections: Teaching and the Human Brain*. Alexandria, VA: ASCD.

Davies, A., Cameron, C., Politano, C. & Gregory, K. 1992. *Together Is Better: Collaborative Assessment, Evaluation, and Reporting*. Winnipeg, MB: Peguis.

Kohn, A. 1993. *Punished by Rewards*. New York: Houghton Mifflin.

Stiggins, R. 2004. *Student-Involved Assessment for Learning*, 4th Ed. Upper Saddle River, NJ: Pearson Prentice Hall.

Kathleen Gregory, B.A., M.Éd., possède plus de 30 ans d'expérience en enseignement aux paliers secondaire, primaire et intermédiaire. Experte des pratiques d'évaluation et des stratégies en matière de littératie, elle a agi à titre de coordonnatrice du programme d'enseignement en plus d'œuvrer en tant qu'enseignante auxiliaire auprès d'enseignants et d'équipes scolaires intégrant des élèves ayant des besoins particuliers. Autrefois enseignante-résidente à l'Université de Victoria, Kathleen Gregory est présentement instructrice de cours de littératie et de pratiques évaluatives destinés aux enseignants en formation. Elle agit également à titre de consultante auprès de plusieurs conseils scolaires désireux de développer des approches en lien avec les rencontres d'élèves, la communication du rendement et les stratégies d'évaluation authentiques.

Caren Cameron, M.Éd., a œuvré en tant qu'enseignante, directrice des programmes d'enseignement en plus d'être chargée de cours à l'Université de Victoria. À l'heure actuelle, elle est consultante en éducation et travaille auprès de conseils scolaires partout au Canada. Elle aborde avec eux divers sujets tels que l'évaluation et le leadership. Elle est également coauteure d'une douzaine de livres pratiques parmi lesquels on compte une série destinée à ses collègues des paliers primaire et intermédiaire, laquelle est intitulée *Voices of Experience*.

Anne Davies, Ph.D., est chercheure, rédactrice et consultante. Elle a été enseignante, administratrice scolaire, leader du système éducatif et a enseigné à différentes universités canadiennes et américaines. Elle est auteure de plus de 30 manuels et ressources multimédias, en plus de plusieurs articles et chapitres de livres. Elle est l'auteure et la coauteure de livres à succès, parmi lesquels se trouvent *L'évaluation en cours d'apprentissage* et des livres de la série « Savoir ce qui est important » ainsi que « Leaders ». Récipiendaire de la bourse Hilroy Fellowship for Innovative Teaching, Anne Davies continue de soutenir ses collègues dans l'approfondissement de leurs connaissances de l'évaluation au service de l'apprentissage et au service des apprenants.

Ressources disponibles auprès de connect2learning

Les livres et les ressources multimédias ci-dessous sont disponibles auprès de connect2learning. Nous offrons des tarifs dégressifs pour les achats en grande quantité.

Ressources aux fins d'évaluation en classe

Ressources pour les facilitateurs et les dirigeants

Pour commander

Téléphone : (800) 603-9888 (sans frais en Amérique du Nord)
(250) 703-2920

Télécopieur : (250) 703-2921

Courriel : books@connect2learning.com

Site web : www.connect2learning.com

Courrier : connect2learning
2449D rue Rosewall
Courtenay, C.-B., V9N 8R9
Canada

connect2learning tient des événements, des ateliers et des cyberconférences sur l'évaluation et d'autres sujets liés à l'éducation, aussi bien pour les enseignants que les dirigeants d'école et d'arrondissement scolaire. Veuillez communiquer avec nous pour obtenir le catalogue complet de nos ressources.